Desperate Zombie

Text: Welzard
Zeichnungen: Renji Kuriyama

TOKYOPOP®

Sho Uraya	Kota Egawa
Yaeko Ooi	Jueru Ono
Oki Kato	Shuto Kido
Ayane Kujo	Reona Komori
Hironaga Satake	Rina Sayama
Shingo Shikata	Kaito Shimura
Yoko Sumida	Gen Seima
Marin Segawa	Hiroshi Seto
Kazumi Sonoda	Junya Takamura
Chinami Takigawa	Masanori Tachiki

Eri Tamaki	Yujiro Chisaka
Yudai Chimura	Akira Totsugi
Michiru Nagahori	Shizuka Nagahori
Sakura Nikaido	Ryusei Niwa
Takehiro Numata	Hideaki Negishi
Genki Hiromine	Mitsuki Mano
Tatsuomi Murata	Taichi Meguro
Misato Yaguchi	Yukizo Yoshida
Tomoyuki Waki	Manami Watanabe

5 getötet, 33 noch am Leben

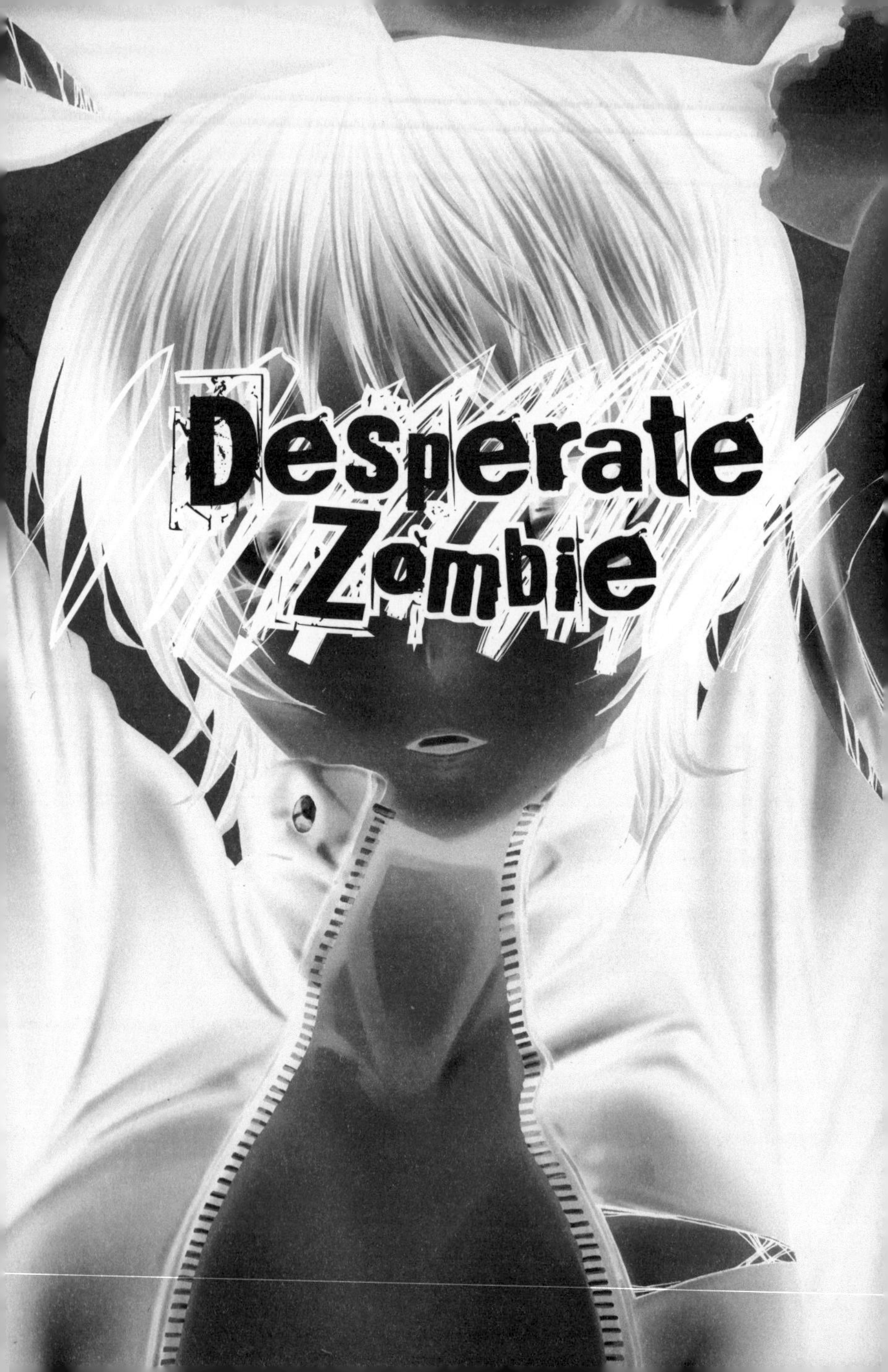
Desperate
Zombie

MATSCH
SLURP
Also ...
AAAAAAAH!
... hast DU meine Familie um-gebracht!!
FLETSCH

DAPP
ZUT
SCH
SHHHRRT

!
Urgh ...
Wann hat er ...?
B... Bitte hör auf!
Ach herrje!
SWUPP
BB-Fantasm

Du verlierst aber viel Blut!
Die reinste Verschwendung ...
Agh!
GRAPSCH
RRRITSCH
Ah ...
Huäh ...!
BWRATSCH
ZUCK
ZUCK

Weißt du, was, Sho?
Menschenhirn schmeckt mir einfach am besten! ♪

Und so . . .
WRUTSCH
. . . hol ich es mir!
RRRITSCH
UMPF!
GLITSCH
MITSCH
MATSCH

SCHMATZ
SCHMATZ
Am liebsten würde ich nichts anderes mehr essen, aber das geht leider nicht.
KEUCH
WÜRG
Nanu?
Du wirkst gar nicht schockiert.
KEUCH
KEUCH

Mitsuki und die anderen …
Hat er sie auch so gefressen?
Aber ja doch!
Du musst mich schon mal beobachtet haben.
?
GRAPP
Wenn man so lange lebt wie ich, vergisst man so was schon mal.
Wirklich …

DREH
... unheimlich lästig!
SCHLÜRF
SCHLÜRF
Wa...
Warum frisst du Menschen überhaupt ...?
KRATZ
SCHLURP
KNACK
SCHLUCK

So wie ihr Fleisch und Gemüse esst ...
MATSCH
FLATSCH
... muss ich Menschen fressen, um zu überleben.
So funktioniert dieser Fluch nun mal.
RITSCH
RATSCH
Fluch?!
Hideaki und du ...
Ihr seid nur Essen für mich.
MATSCH

Ach ja ...
Eine Schande, dass deine Familie deswegen in Flammen aufgegangen ist.
KNIRSCH

MATSCH
SLURTSCH
ZUTSCH

GWOCK
GLITSCH
WUUUSCH

KEUCH
KEUCH
ZUPF
Wenn ich auf die Art den Tod finden könnte, hätte ich mich schon lange erlöst.
KNURPS
KRACK
Aber nicht mal ein Stich ins Herz bringt mich um.
GULP

SCHLURRRP
!
GLITSCH
Er hat das ganze Blut auf-geleckt!
ZUCK
So be-seitigt er also die Spuren?!
KRACKS
MATSCH
Das ist unser Fluch.
KNARCKS
TAPIOKA

TAPP
TAPP
Wie soll man denn gegen so ein Monster ...
HUST
HUST
GRAPP
Jetzt frisst er mich ...
Keine Sorge.
GRINS
Es lohnt sich für mich, dich am Leben zu lassen.
?!

FLUPP
BAAASH
Zack!
RUTSCH
Du kannst mich nicht töten.
Nur ein anderer Zombie kann das.

KEUCH
HUST
TAPP
TAPP
SST
Du verdankst mir dein Leben.
DOPP
WAMM

HAH
SCHRECK
Ugh!
SCHMERZ

Schei-
ße!
Dabei hätte ich meine Familie rächen können!
Uh!
Uh!
Uhh …

Wie kann ich ...
... den Zombie töten?
»Nur ein anderer Zombie kann das.«
Wenn das stimmt ...
... heißt das, es gibt noch mehr ...?

So ein Quatsch!
DAPP
Als würde der mir hel-fen ...
Ich darf ihm nicht so einfach glauben!
PLUMPS
...
Aber warum tö-tet er mich nicht?
ZUCK
Es lohnt sich für ihn? Was meint er da...
KLONK
Sho ...?

WUSCH
Du kommst wie gerufen ...
Shuto ...
Häh? Was ist los mit dir?
Bist du verletzt?
M... Mir tut der Magen weh ...
Hmpf ...

!
SCHRECK
Das macht nichts!
KLONG
WUSCH
GRITSCH GRITSCH
Du stirbst ohnehin gleich!

WAPP
KLANG
Jetzt lass dich endlich töten!
Ich hab noch den Rest der Klasse vor mir.
Hör auf damit!

Der Zombie hat Hiro-naga ge-fressen!
Ihn soll-test du töten!
Halt's Maul!
Fängst du schon wieder da-mit an?!
Es gibt keinen Zombie!
Und niemand wurde ge-fressen!
So ein Bull-shit!

Ob du's glaubst oder nicht, es gibt ihn!
Er hat mich so zugerichtet!
Wenn du mich unbedingt töten willst ...
... mach ich dich zuerst kalt!!
HAH
HAH
Hmpf ...
Du spuckst große Töne, dafür dass du so wackelig auf den Beinen bist.
Na dann ...

SCHLUCK
Wer weiß, vielleicht bist du ja der Zombie.
Finden wir's raus ...
SWUSCH
KLANG

FUOOOH
WUASCH
PAMM

DOMP
Urks!
GAH!
HUST HUST
Keine Zeit zum Ausruhen!
ZACK
CHMERZ

SCHNAUF
Ah …
Schwächling!
Eben warst du doch noch so ein Groß-maul!
SCHNAUF
Weil der Zom-bie mich verletzt hat …
… hab ich keine Kraft mehr …
SCHNAUF
Du lang-weilst mich, Sho.
Stirb!
Sterben?

UOOOH!!
WAPP
GRACK

GRIG
?!
GRIG
ZACK
WIRBEL

DOMP
Guah!
HAH HAH
D... Duuu ...
KLANK
KLONK
Sho- Sh... oo ...
Ver- dammt ...
Shuto gibt ein- fach nicht nach!

Warum kommst du mir in die Quere?
Wenn du weißt, wo Hironaga ist, sag's mir endlich!!
HAH
HAH
HAH
Shuto ...
Ich hab's dir doch gesagt, der Zombie ...
Ich kauf dir diese Scheiße nicht ab!!
Du hast doch selbst gesehen, wie Mitsuki getötet wurde?!
So was könnte ein Mensch niemals tun!
Schnauze!
Shuto will ...
... einfach nicht wahrhaben ...
... dass seine Freunde tot sind.

DONK
Er kann es nicht verarbeiten und lässt dies an anderen aus.
Meine Familie wurde durch den Zombie getötet!
UGH!
TROPF
Du solltest aufhören, MIR in die Quere zu kommen!
KEUCH KEUCH
SCHNAUF SCHNAUF
Hironaga ...

...
Wurde er wirklich von einem Zombie gefressen?
Ich bin mir sicher.
Scheiße!
Scheiße! Verdammte Scheiße!
KICK
KICK
KICK
KNICK

Hey, Sho!
Erzähl mir mehr ü...
?!
DOMP
Hey!!
FUWAH

HASP
?!
Au!
SCHMERZ
Wo bin ich?
KLACK
Ah!
Shuto ...
Hey.

Wo ...
Bei mir zu Hause.
Hast du mich hergetragen?
Wir müssen schließlich noch reden.
FLUMPS
Also?
Wer ist denn jetzt der Zombie?
...
Du solltest dich da nicht hinterklemmen.
Sonst endest du wie ich.
MAMPF
MAMPF

Ohne Familie ...
Bist du dumm?!
!
BATSCH
Ich hänge da mit drin, seit dieses Monster Hironaga getötet hat.
Und jetzt bin ich stinksauer.
Das lass ich dem nicht durchgehen.
...
Wie finden wir den Zombie?
Er verwandelt sich in die, die er gefressen hat, oder?
Ja ...

Im schlimmsten Fall müssen wir also alle töten.
Solange der Zombie unter ihnen ist ...
PFFF!
WAH HA HA!
?
HE HE!
Du bist mir ja 'ne Nummer.
Du hattest das Gleiche vor wie ich?!

Er hat meine Familie getötet!
Niemand stellt sich zwischen mich und meine Rache.
Hast du eine Spur?
!
Gestern hatte er sich in Takehiro verwandelt und Hideaki getötet.
Danach hat er sich in Hideaki verwandelt.
Was ist das denn für ein Durcheinander?!
Aber er könnte bereits wieder jemand anderes sein.

Unser eigentliches Problem ist aber, dass der Zombie gesagt hat, dass wir ihn nicht töten können.
Waaas?!
Ein Messer im Kopf hat nichts genützt.
Er hat irgendwas von einem Fluch erzählt ...
Das gibt's ja wohl nicht ...
Dann ...
... jagen wir ihn eben mit einer Bombe hoch.
Wenn es ihn zerfetzt, wird er schon sterben.
Aber ...
Woher kriegen wir bitte eine Bombe?
Ich hab da so eine Idee.
Wer ist dieser Typ?
Möchtest du ein Reisbällchen?

KLANCK
KLACKER
Dann machen wir uns mal auf die Suche nach dem Hideaki-Zombie.
Moment mal!
Ich möchte vorher noch was sicherstellen.
Ich klingle jetzt.
Warte den richtigen Zeitpunkt ab.
NICK

Komm mit, Shuto!
Mich vor meinem eigenen Haus zu bedrohen ...
Was soll das?!
Du weißt doch, dass es draußen gefährlich ist!
Halt die Klappe, dieser Mist ist doch deine Schuld!
Du hast uns doch alle aufgehetzt!
Wa...?!

Was redest du da?
Ich hab die anderen doch nur vor Sho beschützt!
Er ist der Zombie!
GRIPP
Durch die Einstellung hast du jemandem sehr wehgetan.
Richtig ...
... Sho?

Was?!
PACK
Sh...
Wow ...
Sho ...
?!
Takehiro war der Zombie.
Du und Rina habt die anderen aufgestachelt und Ryusei und Hideaki um den Finger gewickelt ...

D... Das war nicht meine Schuld ...!
GRAH
SCHLEUDER
HIEK!
KYAH!
DOMP
Dass du dich immer noch traust, so etwas von dir zu geben.
Dich trifft keine Schuld, weil jemand anderes es getan hat?

Du hast mich als Monster hingestellt!
Und deshalb haben diese Typen meine Familie umgebracht!

Mo...
Monster ...
Und jetzt ist das Monster inmitten eurer Gruppe!
...
Was?
Ich habe mit eigenen Augen gesehen ...
... wie es Hideaki gefressen und sich in ihn verwandelt hat.
Schon wieder ...
... vor deinen Augen?

Du gehörst also doch zum Zombie!
Und du willst mich fressen!
ZAPPEL
ZAPPEL
GRAPP
Wenn du den anderen wirklich helfen willst ...
... dann sag ihnen, dass Hideaki der Zombie ist.
O...
Okay ...
Aber ich kann nicht garantieren, dass sie aufhören, dich zu verdächtigen ...
SCHNIEF
SCHNIEF
Was?!
Wenn du's ihnen überzeugt sagst, werden sie auch auf dich hören!
Oder ...
GYOR

Hast du das etwa nicht vor?
D... Doch!
Im Moment steht aber Rina im Zentrum der Gruppe ...
Ihr Okkultwissen scheint die anderen zu ihr zu treiben.
Dann tu was dagegen!
FAUCH
Hiek!

Ich mach ja schon!
Aber macht euch nicht zu viele Hoff-nungen!
Un-glaub-lich, dass es so weit ...
?
?

Hi...
Hide-
aki ...?
GRINS
Oh
nein ...

Weg hier!
Er ist das Mons-ter!
TAPP
TAPP
Dies-es Viech ...
... hat Hirona-ga ...
TAPP

TAPP
Hallo, Sho.
Ich habe dich laufen lassen, um meinem Ziel näher zu kommen.
Wer hätte gedacht, dass unsere Ziele sich ähneln?
TAPP
ZITTER
Nanu?
Wo ist dein Kampfgeist geblieben?
War das gestern etwa zu viel für dich?
Dein Gelaber nervt!

Hast du Hironaga gefressen?
KNICK
Hironaga?
SCH
ACK
RITSCH
BWRICK
Tjaaa, hab ich das?
GASP
Mistkerl!
Das musst du verstehen . . .

Ich kann mir doch nicht merke was vor Ta gen auf de Speiseplar stand!
Ich mach dich kalt!

DAPP
DAPP
DAPP
DOSCH
GRAPSCH
Du störst.

SCHLEUDER
GADOSCH
RUTSCH

Kya-aah!!
Shuto!
Bleib weg!
WAPP
Na, na ...
Seid schön ruhig, sonst kommen nachher noch andere Leute vorbei!
Mit dem gleichen Ziel ...
... meintest du ...
Genau. Ich bin hier, um mich in Kota zu verwandeln!
Häh ...?
!
RUCK

GRICK
GRICK
GRICK
GRICK
Ahh!
KNACK
Das tut weh!
KNACKS
Hör auf!
Eh?!
Gyaaaaaaah
SPLOTSCH

Aaaaaaaaaah!!!
PLITSCH
PLITSCH
WRAMMS
Sei endlich ruhig!

SRUTSCH
GLITSCH
KULLER
Ich muss dich schnell fressen, bevor jemand kommt.
GRATSCH
Wa-rum ...?
PLATSCH
MATSCH
Warum ausgerechnet wir ...?
MATSCH

FLETSCH
WRATSCH
Warum hast du es auf unsere Klasse abgesehen?!
Hab ich dir doch gestern gesagt.
Nur ein Zombie kann einen anderen Zombie töten.
Nur ein anderer Zombie kann das ...
Des-halb hat er es auf uns abgesehen?!
Da ist ...
... noch einer?

GRINS
Du frisst uns ...
... um ihn zu finden?
Bingo!
Es hat lange gedauert, bis ich endlich einen anderen Zombie gefunden hatte.
Ich habe ihm gesagt, dass ich sterben will.
SCHLUCK
GULP
Was ...?
Du hast richtig gehört.
Ich will sterben.
SCHLECK

Spinnst du?
Deshalb zerfleischst du andere Menschen?!

KLAFF
!!

Schei-ße!
Er wird mich fres-sen!

BADAMM
?!
VIUUUUUUUU

Viuuuu
!uuuu
Was zum ...?!
GRAPP

Ich ha...
Da bist du ja endlich!
Hab ich dich!
HE
HE
HE
HE!
KICK
KRACK

GWOCK
TAPP
ZHATT

Das ist doch ...?
Hey, was treibt ihr da?

WUASCH
Ah!
WAPP
War-
te!
GRAPP
Yoko!
ZUCK

...
Du bist es doch, oder?
Hey!
LÄRM
LÄRM
Wir soll-ten ab-hauen!

Autsch!
Alles okay?
Ich bin dran gewöhnt.
KNACK
KNACK
Sag mir lieber ...
... warum du die da hergerufen hast?

Dass du dich mit dem abgibst, Sho ...
Hätte ich nicht erwartet.
Jueru ... Wo ist Chinami?
Ich hab euch beide ...
...
Sie wollte dich nicht sehen.
Häh? Warum das?
Denk mal drüber nach.
Kön-nen wir bitte an-fangen?
Sei ruhig! Und komm mal runter!

Ihr alle glaubt mir, dass ich nicht der Zombie bin.
Deshalb seid ihr hier.
Was ist mir dir, Ayane?
Glaubst du ihm?
Ayane würde sich nicht von solchen Lügen beeinflussen lassen.
!
Der Zombie hat sich in Kota verwandelt.
Shuto und ich haben gesehen, wie er ihn gefressen hat.

Was?
Warte mal kurz!
Du hast ihn schon wieder gesehen?!
Das ist langsam verdächtig!
Dafür muss es einen Grund geben!
Ja ... Der Zombie hat ein Ziel.
Es geht ihm nicht darum, uns zu fressen ...
Er benutzt uns alle ...
... weil er sterben will.
!!
Sterben?!
Bitte was?!

Das kapier ich nicht!
Ab hier übernehme ich.
WUSCH
Häh?
TAPP
TAPP
Yoko ...?
Wo kommst du denn ...

Pah!
Du bist wirklich gekommen.
Yoko!
Warum ...?
Woran ...
... hast du mich erkannt?
Kch!
Wir sind jahrelang in dasselbe Dojo gegangen!
Ich kenne deine Körperhaltung in- und auswendig!
Aber ...
... darum geht es nicht!

Seit wann ...
... bist du ein Zombie?!
Bevor er abgehauen ist, meinte der Zombie ...
... dass er dich gefunden hätte!
Du bist ein Zombie, oder?!
Letztes Jahr, auf dem Heimweg vom Dojo ...
... ist sie diesen abartigen Typen begegnet.

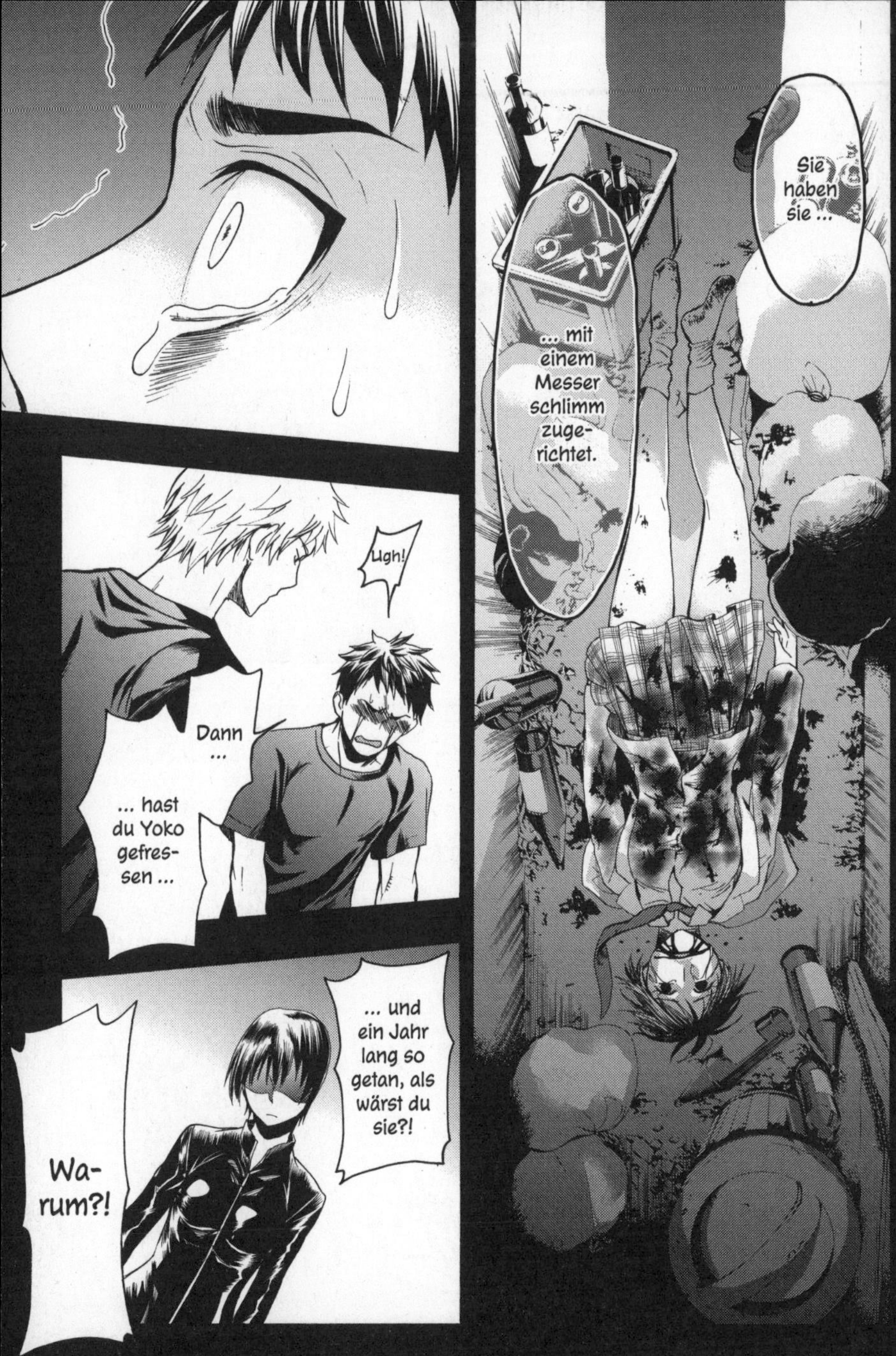
Sie haben sie ...
... mit einem Messer schlimm zuge-richtet.
Ugh!
Dann ...
... hast du Yoko gefres-sen ...
... und ein Jahr lang so getan, als wärst du sie?!
Wa-rum?!

Wie viele Menschen hast du gefressen?!
GRAPP
Nicht einen ...
... seit ich mich in sie verwandelt habe.
!
Aber ... warum?
Weil du und Chinami ...
... Yoko sehr am Herzen liegt.

Wir Zombies übernehmen auch die Gefühle und Erinnerungen derjenigen, die wir fressen.
Und für Yoko ...
... seid ihr und die anderen unfassbar wichtig.
Doch er hat all das zerstört.
Ich kann ihm das nicht verzeihen.
Deshalb werde ich ihn fressen.

Als ob wir ihr das glauben könnten!
Was sie sagt, ergibt keinen Sinn!
Wenn ihr die anderen so wichtig sind ...
... warum hat sie dann erst jetzt ein-gegriffen?
Weil ...

HA!
HA
HA
... Sho und Chinami Priorität haben.
Ist doch völlig egal!
Wir haben das gleiche Ziel.
Ich will Hironaga rächen!
Sho seine Familie.
Und unsere toten Klassenkameraden ...
... wurden alle von dieser Bestie umgebracht.

Ja ...
Und nur ein Monster wie ich kann ihn auf-halten.
Ich will nicht, dass noch mehr sterben.
Lasst mich euch helfen.
...
Ahhh ...

Ich bin immer noch unsicher.
Auch wenn du ein Zombie bist ...
Mir gefällt das auch nicht.
Wenn sie ein Zombie ist ...
... könnte sie sich mit dem anderen verbünden.
...
Ich weiß es auch nicht ...
Ich wünschte, das alles wäre eine Lüge.
...
Ihr hattet darüber gesprochen, warum er sich gerade euch ausgesucht hat.

Tja, diesen Fluch tragen wir seit 600 Jahren.
600 ?!
Unser Dorf litt damals unter extremer Armut.
Um einige hungrige Mäuler stopfen zu können ...
... haben wir die Älteren in den Bergen umgebracht und unsere Kinder verkauft.
Und schon bald aßen wir Menschenfleisch.
Am Anfang nur das der Toten.
Doch irgendwann jagten wir auch die Lebenden.

Schreck-lich ...
Stimmt.
Es war eine grau-envolle Zeit.
Wir lebten ständig in Angst. Fres-sen oder gefressen werden.
Das könnt ihr mittlerweile bestimmt nachvoll-ziehen.
STILLE
Unsere Angst fand bald ein Ende ...

... katapultierte uns jedoch geradewegs ...
... in die Hölle.

Von irgendwoher kam ein Mönch, der uns mit einem Fluch belegte.
Auf dass wir ewig hungern mögen.
Hört sich an wie ein Ammenmärchen.
Und deshalb fresst ihr Menschen?
Könnt ihr nicht normale Dinge zu euch nehmen?
Nur Menschenfleisch macht uns satt.
Aber dann hat er doch einfach nur erneut Monster erschaffen, die Menschen fressen!
Was sollte das bringen?

Wir fressen keine Menschen, weil es uns Spaß macht!
Um den Fluch zu brechen ...
... müssen wir jemanden fressen, der denselben Fluch trägt.
Aber hier sieht mittlerweile alles anders aus als früher.
Daher bleibt uns nichts übrig, als willkürlich Menschen zu fressen.
Dann sucht eben vernünftig.
?!
Der Polizist ...
Was platzen Sie hier einfach rein?!

Deine Schwester hat mich reingelassen.
Unfassbar!
Der Parkplatz, zu dem du mich gerufen hast ...
... war ein Schlachtfeld.
Die zerfetzten Leichenteile konnten ...
... eurem Klassenkameraden Kota Egawa zugeordnet werden.
Dann das zerstörte Auto ...
Die Fußabdrücke auf dem Dach ...
Die ganze Umgebung ist abgeriegelt. Ein Riesentheater.

Und das größte Problem ist das Blut ...
... das wahrscheinlich vom Täter stammt.
In ihm wurde die DNA mehrerer Hundert Menschen festgestellt.
?!
Mir bleibt nichts übrig, als eure Geschichte zu glauben.
Ach ja ...?
Schicken die Bullen jetzt Spezialeinsatzkräfte?
Vielleicht.
Falls es klappt.
HUI!

Die Polizei hilft uns ...
Aber gegen den Zombie wirken Kugeln nicht.
Was, wenn er sich jetzt versteckt hält?
Ähm ...
Der Zombie hat geschrieben.
15:15
< 0
Die Überlebenden
Ich hab Rina aus der Gruppe rausgeworfen.
Sie ist der Zombie.
Sie hat euch alle manipuliert, um von sich abzulenken. Ich habe gesehen, wie sie Hideaki gefressen hat. Kommt zur Schule, damit wir das Monster vernichten können!
Kota
15:15
Nachricht eingeben
Senden

Geht schon mal vor!
POLTER
POLTER
Was ist mit dir?
?!
Ich muss noch was Besonderes vorbereiten.
Wer ist das?
Meine Schwester.
Sho!
Ich versuche, Chinami anzurufen.

Vielleicht macht sie sich wegen der Nachricht Sorgen und kommt hierher.
Stimmt.
Danke ...
Wir gehen schon mal zur Schule.
Na los!
Eigentlich würde Yoko jetzt auf Chinami aufpassen ...
Yoko ist weg.
Also ...
... aber ...
Schon klar.

15:15
Die Überlebenden
h hab Rina aus der Gruppe
sgeworfen.
ombie.
e manipuliert,
enken. Ich
sie Hideaki
nt zur
s Monster
15:15
Was ...
Was soll das heißen?
Was, wenn Rina das Gleiche wie Sho widerfährt ...
Ich muss Jueru anrufen ...!
Ich muss zu Sho und den anderen und sie aufhalten!
Sho ...
SCHÜTTEL
SCHÜTTEL

HAH
HAH
HAH

Ugi-!
GRA
Und hepp!
SCHLEIF
Leute, ich hab sie!
SCHLEIF
WÜRG
Nein ...
Ah!
Gu-te Ar-beit!

Sie gibt einfach nicht auf!
TAPP
Hey!
Na los!
Wehr dich nicht!
TAPP
TAPP
Schnell!
DOSCH
!

KICK
DOSCH
H... Hört auf!
Ich bin nicht der Zombie!
Halt's Maul, du Monster!!
Du wirst dafür büßen, dass du die anderen gefressen hast!!!

KICK
DOFF
WHACK
TIPP
TIPP
Hey … Sakura! ♡
Das ist ihre gerech-te Strafe. Also sieh ruhig hin.
Bis zum Ende …
SCHNAUF
SCHNAUF
SCHNAUF

HAFF
HAFF
Atmet sie noch ...?
Vermutlich ...
Und? Wie geht's jetzt weiter?
Warum haltet ihr euch zurück?
Tötet den Zombie und es gibt keine Morde mehr.
...

Wir sind schon so weit gegangen ...
Aber ist sie wirklich der Zombie?
Sie ist so schwach.
Hironaga hätte sie nie überwältigt bekommen.
Dann ...
... übernehme ich das ...
... und revanchiere mich für meine Wunden.

Ihr könnt gerne zusehen.
Ah ...
Aufhören!!
Oha ...
Na, sieh mal einer an!

Wie schön ...
... dass du hergekommen bist, Sho!
Spinnt ihr, so über sie herzufallen?!
Lass Rina los!
Du verdammtes Monster!!
...
Was? Kota ist ...?

Kommt schon!
Soll das ein Wi...
Was?
KYAAAAAAAH!

Ach ...
... Sho!
Ich bin so glücklich!
Wenn ihr hier seid, ist »sie« auch nicht weit ...
Was ist mit deinem Gesicht, Kota ...?
GRRR
HI

Haut alle ab, Leute!!
Lasst euch nicht fan-gen!
Ui, jetzt spielen wir Fangen?! Na schön ...
Hey, wir ...

Bis Shuto so weit ist ...
... hal-ten wir ihn auf.

GWAH
HA
HA
HA
HA!
Du bist mir ja einer, Sho!
Sie sollen abhauen? Warum erzählst du mir . . .
. . . nicht einfach, wo der andere Zombie ist, und rettest sie so?
Du weißt, dass du nicht gewinnen kannst. Warum versuchst du es trotzdem?

ZUCK
MWATSCH
Du willst Zeit schinden!
Na schön, ich ma-che mit.
Aber nach meinen Regeln.

!
Das wird unser Spielchen.
Was ?!
Die Überlebenden
Findet die beiden …
Wem das gelingt und sie tötet, bevor ich ihn töte …
… den lasse ich am Leben.

Du dreckiger ...
Was hast du ihnen angetan?
Noch nichts.
Aber deine Freunde werden es.
Du solltest dich beeilen.
Die Nachricht steht in der Gruppe.
Sho!
Ich genieße derweil das Spektakel.
Vermutlich wird es mein letzter Spaß in diesem Körper.
DROPSCH

Eins …
Zwei …
Tatsu-omi!
Drei …
Versuch, die anderen davon abzuhalten!!
Und du?
Ich suche die beiden …
Vier …
Fünf …

Sechs ...
Sieben ...
Acht ...
Neun ...
Zehn.

WUASCH
Lehrerzimmer
Hilfe!
Ist hier ein Leh-rer?!
RATTER

Auf dem Hof ist ein Monster!!
!!
Nein ...
SCHWANK
uh! uh ...
SINK

FLATSCH
Eckstein, Eckstein, alles muss versteckt sein …
TUUUT
TUUUT
Ver-dammt!
Wo steckt der Alte?!
Die ge-wünschte Rufnummer ist zurzeit leider nicht …
Yamazoe
Anruf
Morishita
Schei-ße!

War ja klar, dass die Erwach-senen wieder mal nutz-los ...
ZAMM

!
KLINGELING
Was ist mit Ma-sanori?
Wir schrei-ben uns die ganze Zeit ...
Nr. 1
KYAAAAAAH!

?
Wer ...?
GRAPP
Hier steckt ihr also.
FLATSCH
ZUCK
MATSCH
ZUCK
KLINGELING

Ha ...
Ha ha ha ...
Schon drei ...

DUFF
DUFF
DUFF
Beruhig dich, ich bin nicht das Monster!
Du bist so schwach!
Von wegen Profiboxer!
Du bist ...
... schwächer als Shuto! Ha ha ha!
DUFF
DUFF
ZONK
KRK
Es reicht, du Amateur!
WUSCH

GWOCK
Leg dich nicht mit einem Profi an.
...!
Aaaaah!
Hey, ihr da!!
D... Der Polizist!

Herr Polizist!!
Hilfe, er verprügelt mich!
Dieser ...
Er ist Profiboxer!
Nehmen Sie ihn fest!
Neh-men ...
ZUTSCH

RUTSCH
POCH
POCH
MATSCH

Schei-
ße!
ZACK
Erst Kota, jetzt der Polizist?!
Na los, komm her!
Nein, danke.
GREIF
Du wür-
dest dich zu sehr wehren.
?!
TSCHACK

PENG
PENG
?!
SCHRECK
Was war das ...?
Na ja, egal.
KLACK

Bingo!
Mein kleines Bums-Versteck, daher hab ich den Ort sofort erkannt!
Also ...
Wenn ich die beiden töte, überlebe ich.
Aber zuerst ...
GRIPP
?
Was ...?

Kyaaaaaah!

Du Arsch-loch!
Was woll-test du ...
... Chi-nami an-tun?!
WAPP
T... Tut mir ...
PACK

Sho ...
Sho!
...
Hey!!

TAPP
TAPP
TAPP
Bleib stehen!!
BADUFF
?!
Oh, ein Reflex.
War's der Richtige?
YOKO!
PACK
Sho.
Ist noch jemand draußen?
Nein.
Shuto ist bereit.

Okay ...
Chi-nami.
Wir machen den Zombie jetzt fertig.
Was?
Du und Jueru bleiben hier. Es ist zu gefährlich.
Aber ...
Alles wird gut.
Ich helfe euch.
Wenn Yoko geht, gehe ich auch!!
Wir drei sind ein Team!!
SST

DRÜCK
Es tut mir leid ...
Was?!
Gehen wir.
Ich schließe ab, bis ich wiederkomme.
Warte!

Sho!
BATAMM
Was hast du vor, wenn du wieder ein Mensch bist?
!
Du wirst Yokos Aussehen verlieren, oder?
Damit beschäftige ich mich dann.
Konzentrieren wir uns jetzt darauf, ihn zu töten.

Ja ...
TAPP
HAH HAH
HAH

PENG
!!
Hm, wo steckt der nur?
SCHLEICH
SCHLEICH
KLACK
So eine Jagd ist schon was Feines! ♪
KLACKER
Jetzt!
WUSCH
PENG

ZACK
HEPP
PAMM
PAMM
GWUUUAAAR

!!
WRATSCH
Heeey!
QUIIIETSCH

QUIIIIETSCH
Lass mir auch noch ein bisschen Spaß!
Shuto ...!
Ayane!
WUPP
PLITSCH
PLATSCH
Was soll das?
!
Riecht wie . . .
TSCHACK

Brenne!
PENG
GWOOOOOOH
ゴオオオオオ
Hiyaaaaah!!
Heiß!
So heiß!

LODER
Haben wir ihn ...?
Das hoff ich doch.
GWOOOOH
Ugh ...
!!
Ihr ...
GWOOOH
... Maden ...

LODER
Ich ... fresse ... euch ...
... heile ... mich ...
Hey!
!
Der Zombie, den du suchst, ist hier!!
Ich hab die beiden gerettet! Dein Spiel ist vorbei!
!

DUUUUUU!!
DAPP
DAPP
DAPP
WUPP
!

Bleib stehen!
Er hat angebissen.
Ja ...
Enttäusch uns nicht, Sho.

Ha ha . . . Du hast dich also in Yoko verwandelt . . .
Aber warum hilfst du dem Menschen?
Hast du vor, ihn zu fressen?
Nein.
...
Ich bin hier, um ihm zu helfen.

Schwach sinn!
Menschen sind Futter!
ZACK
Sie sind zum Fressen da!

PAFF
DAPP
ZHAMM
KICK

GRAPP
Lästiges Insekt ...
Dich fress ich zuerst!
Sho!
Kopf runter!

BADAMM
Hmm ...
!!

Du hast die ganze Zeit über nichts gefressen, oder?
Weg da!
FLATSCH

Sh...
Sho!
Du hat-test am Parkplatz also nur Glück.
FLATSCH

Kein Wunder, wenn sie nicht frisst.
Wer so lange hungert, wird schwach.
Selbst ein Monster.
Na ja ... Erst verputze ich dich ...
... und dann gönne ich mir mein letztes Mahl.
GWOCK

Jetzt wurde Yo-ko schon wieder ge-tötet.
GRAPP
Verdammt, ich bin noch ge-schwächt
Dafür bezahlst du!
?
?

KLIRRRR
Sho!
Das hat mir alles zu lange ge- dauert!!
Gutes Timing, Shuto!

Jetzt! Solange ich ihn festhalte!
Alles klar!
Geh zur Seite!
VRRRM
VRRM
Hironaga hat dieses Motorrad geliebt!
?!

Überreich
es ihm im
Jenseits!!
KICK
SPLASH
GURGEL
GURGEL

Wo ...
... steckt sie?!
PIEP
PIEP
KLICK
Das war's.

BADOOOOM

Sho!
Yoko
...!

Scheiße . . .
SCHLURF
Scheiße . . .
SCHLURF
Sho! Shuto!
Ich werde euch beide . . .
. . . um-bringen!!
Ah . . .

Nein!
Nicht fres-sen!
Ich ...
Bringen wir's zu Ende ...
... Bru-derherz.
Mi... tsu ...?

GRACK

Einige Tage später ...
Sho Uraya
Hn ...

TIPP
TIPP
Sho ...?
Sho!!

Freunde
Sho ist aufgewacht!
PING
!
Sho ist wach!
Oooh!
Ein Glück ...
Ruuu!
Willst du nach ihm sehen?
Ist schon gut.
China-mi ist ja bei ihm.
...
Na ja.
Singen wir!

Sho scheint wach zu sein!
Echt?
Wollen wir zu ihm?
Wollt ihr nicht.
Lasst die beiden alleine.
Hey ...
Seine Schwester ist wieder sexy unterwegs ...
Bäääh!
Hey, warum ist Ayane eigentlich hier?
...
Sie hat ganz nette Möpse!

Hää-äää?!
Haltet die Klappe, ihr Idioten!
Wir hat-ten noch einiges zu tun ...
Was ist mit dem Zom-bie und ... Yoko?
Keine Spur von den bei-den.
Die Ex-plosion war extrem.
Ich hoffe, dass sie die-ses Monster umgebracht hat.

...
Das mit Morishita tut ...
Lass gut sein.
Herr Yamazoe ...
Ich habe viele Menschen verloren, die mir wichtig waren ...
... aber ...
Ich werde weiterleben.

Ver-
stehe
...
USJTAYA

GRATSCH
GRATSCH
GRATSCH
FLATSCH
KNACK
GRATSCH

Desperate Zombie

TOKYOPOP GmbH
Hamburg

TOKYOPOP
1. Auflage, 2019
Deutsche Ausgabe/German Edition

Aus dem Japanischen von Christopher Derbort

Redaktion: Simone Meinecke
Lettering: Vibrant Publishing Studio
Herstellung: Mathias Neumeyer
Druck und buchbinderische Verarbeitung:
CPI – Clausen & Bosse GmbH, Leck
Printed in Germany

MIX Papier FSC® C083411

Wir achten auf die Umwelt.
Dieses Produkt besteht aus FSC®-zertifizierten und anderen kontrollierten Materialien.

ISBN 978-3-8420-5565-0

www.tokyopop.de

STOPP!

Dies ist die letzte Seite des Buches!
Du willst dir doch nicht den Spaß verderben
und das Ende zuerst lesen, oder?

Um die Geschichte unverfälscht und originalgetreu mitverfolgen zu können, musst du es wie die Japaner machen und von rechts nach links lesen. Deshalb schnell das Buch umdrehen und loslegen!

So geht's:

Wenn dies das erste Mal sein sollte, dass du einen Manga in den Händen hältst, kann dir die Grafik helfen, dich zurechtzufinden: Fang einfach oben rechts an zu lesen und arbeite dich nach unten links vor. Viel Spaß dabei wünscht dir TOKYOPOP®!